Versuche es mal mit Zufriedenheit

Andrea Kralemann
Liebe für den Rest!

Versuche es mal mit Zufriedenheit

Bibliografische Information der
Deutschen Nationalbibliothek

Die Deutsche Nationalbibliothek
verzeichnet diese Publikation in der
Deutschen Nationalbibliografie;
Detaillierte bibliografische Daten
sind im Internet über http://dnb.d-
nb.de abrufbar

Herstellung und Verlag: Books on
Demand GmbH, Norderstedt

ISBN 978-3-8482-017-85

Vorwort

Dieses Buch soll ihnen helfen besser zu leben. Besser in dem Sinne, mehr gute Gefühle in ihr Leben zu bekommen. Ein ausgefüllteres Leben zu führen. Dabei geht es auch in erster Linie darum, viele und gute Entscheidungen zu treffen. Entscheiden heißt sich scheiden/trennen von Optionen. Sich nicht zu entscheiden bedeutet auch sich zu entscheiden, dann bleibt alles, so wie es ist. Leben ist per Definition schon befristet und unsicher. Doch diesen zentralen Aspekt übersehen viele

Menschen einfach. Dabei sollte gerade dieses finale Argument in alle unsere Entscheidungen mit einbezogen werden.

Für mich ist ein gutes Leben, ein Leben dass ausgefüllt ist und in dem ich mich geborgen und authentisch fühle.

Dazu biete ich ihnen in diesem Buch Entscheidungshilfen an. Ich erkläre ihnen, warum sie nicht versuchen sollten, ihr Leben zu maximieren, sondern stattdessen mehr in ihr Leben zu bekommen. Statt sich zu maximieren, sollten sie pragmatisch sein. Wenn der Nutzen den sie suchen erreicht ist, hören sie auf, sich weiter zu maximieren und sind dann zufrieden damit. Jede weitere Verbesserung kostet mehr Aufwand, wie sie andererseits Nutzen bringt. Wenn sie das tun, gewinnen sie Zeit und mehr

Ressourcen um noch viele andere
Dinge in ihr Leben zu lassen.

Einleitung

Lieber Leser suchen Sie nicht mehr
nach dem Glück. Die Glückssuche
führt in die Irre. Ich führe sie auf
einem Weg, an dessen Ende ein
besseres Leben steht. Fangen Sie
einfach an zu leben, sie haben alles

was Sie brauchen. Darum - seien Sie es zufrieden. Zufrieden bedeutet Frieden mit sich und der Welt. Zufrieden bedeutet auch, nicht immer alles zu maximieren. Mit dem, was man hat auszukommen.

Machen Sie nicht mehr mit bei der Hetzerei nach immer mehr, immer schneller, immer besser, immer teurer usw. Freuen Sie sich an dem was sie jetzt schon haben, glauben Sie mir - Sie brauchen nicht mehr. Leben sie im Jetzt. Genießen Sie Ihre Existenz. Leben Sie stattdessen in Ruhe und Frieden mit sich und der Welt. Wie das geht, erläutere ich Ihnen auf den folgenden Seiten.

Zufriedenheit ist eine aktive Haltung dem Leben gegenüber. Sie besagt, dass der Träger dieser Haltung die Ansprüche, die er dem Leben gegenüber hat, als erfüllt ansieht. Überlegen Sie einmal: wie wohltuend diese Haltung gegenüber der Haltung des ewigen Strebens nach Glück ist.

Die Haltung der Zufriedenheit hat eine große Ähnlichkeit mit der Philosophie der Stoa im alten Griechenland. Auch hier wussten die Philosophen, dass es nicht die Dinge selbst sind, die die Menschen beunruhigen, sondern deren Sicht auf die Dinge.

Zufriedenheit bedeutet sich zu reduzieren auf die Dinge, die man wirklich braucht. Wer zufrieden ist, weiß, welche Dinge für ihn wichtig sind, und verzichtet bewusst auf alles, was nicht nötig ist.

In diesem Buch propagiere ich eine Haltung der Zufriedenheit gegenüber dem Leben. Ich werde ihnen den Weg zur Zufriedenheit weisen und Sie in die Praxis eines zufriedenen Lebens einführen.

Dieses Buch ist mir auch eine sehr persönliche Angelegenheit. Ich sehe täglich viele Menschen durch ihr Leben hetzen. Viele von ihnen sind unglücklich, gefrustet, oder haben Burn-out. Für diese Menschen habe ich das Buch geschrieben. Sie sollten nach der Lektüre, langsamer durch ihr Leben gehen, genießen und zufriedener mit sich sein.

Besser leben

Was heißt eigentlich besser leben? Für mich bedeutet besser zu leben, dass mein Leben eine bessere Qualität hat. Woran kann ich das festmachen? Wenn die positiven

Gefühle überwiegen, mehr werden und die negativen Gefühle abnehmen, kann man in meinem Sinn von einem besseren Leben reden. Ganz praktisch bedeutet das: weniger Stress und Konkurrenzdruck, weniger Geld auszugeben für Dinge, die ich nicht brauche. Mehr Platz im Leben zu haben. Nicht immer die neuesten Trends und Moden verfolgen. Keine Zeit mehr in Einkaufszentren vergeuden. Nicht mehr stundenlange Kataloge wälzen. Keine schlaflosen Nächte mehr, weil man nicht weiß, wie man seine Schulden bezahlen soll. Mehr Gelassenheit und Abstand zu den Dingen des täglichen Lebens. Wenn man um die Beschränktheit des Lebens und das Glück der einfachen Dinge weiß, ist Zufriedenheit einfach zu erreichen. Lassen Sie einfach los. Trennen Sie sich von jedem zu viel. Ich

verspreche Ihnen, wenn Sie nur
einen Teil der Ratschläge aus diesem
Buch anwenden, werden sie ein sehr
viel besseres Leben haben.

Zufriedenheit vs
Glückssuche

Heutzutage gibt es viele Ratgeber
über die vermeintliche Suche nach
dem Glück. Titel in der Art von"
wie mache ich mein Glück" oder
"wie finde ich mein Glück". Als
wenn man Glück machen könnte
oder Glück finden könnte. Glück

muss nach dieser Sicht also immer etwas sein, das von außen kommt. Es ist etwas das dazu kommt. Zum Beispiel: ein Lottogewinn, mehr Geld im Job, eine tolle Partnerschaft, ein Haus, Kinder oder eine Traumreise. Dann soll oder ist man vermeintlich glücklich. Ich glaube das nicht. Ich denke, dass Leute die auf der Glückssuche sind, permanent unzufrieden sind. Denn sie sind ja in einem Zustand, in dem sie gerade nicht glücklich sind. Das vermeintliche Glück streben sie erst noch an. Dieses Glück zu erreichen steht aber gar nicht in ihrer Macht, denn sonst hätten sie es ja schon längst. Daraus ergibt sich für mich das Fazit: Das Glück zu suchen ist ein Irrweg. Er führt nicht zum Glück, sondern macht im Gegenteil unzufrieden. Die gesamte Glücksratgeberliteratur suggeriert den Menschen doch, es

gibt ein Glück und du hast es nicht. Das versetzt die Leser der entsprechenden Lektüre, eher in Stress, als dass er bei der Lektüre Glückshormone ausstoßen würde.
Wie schon oben angeführt, ist der Weg der Glückssuche kein Weg um sich besser zu fühlen. Eher im Gegenteil.

Nachteile der Glückssuche

Während derjenige der Zufriedenheit anstrebt, sich um eine Haltung der Welt gegenüber bemüht, strebt der Glückssucher nach Glücksgefühlen. Grob gesagt: der Zufriedene schaut auf die Welt

und sagt es ist genug, während der
Glück suchende Mensch immer
mehr möchte. Der Unterschied ist
der zufriedene Mensch kann sich
zur Zufriedenheit entschließen,
während der Glück suchende
Mensch immer auf der Suche ist,
und sollte er das große Glück
endlich finden, es wieder genauso
schnell verlieren kann.

Zufrieden sein durch die Haltung: „Es ist genug".

Das Wort sagt es schon selbst:
Frieden, in Frieden mit sich selbst,
in Frieden mit der Welt. Zufrieden
zu sein ist eine Haltung des: Es ist
genug. Daraus ergibt sich eine
gewisse Distanz zur Welt und zu

sich selbst. Man nimmt sich selbst nicht mehr so wichtig.

Wie gerät man in diesen Zustand? Achtsamkeit ist hilfreich, in dem Sinne, indem wir auf unsere eigenen Bedürfnisse schauen. Was brauchen wir? Und was haben wir? In jedem Falle mehr als wir eigentlich brauchen. Insofern kann es mehr um Wegschmeißen, Entrümpeln als um Neuanschaffung gehen.

Zufriedenheit impliziert aber noch etwas ganz anderes, es beschreibt die innere Ruhe, die der empfindet, der die Zufriedenheit für sich entdeckt hat. Er muss nämlich nicht mehr nach neuen Dingen streben. Er kann es sich zugestehen genug zu haben und seine Energie anderen Dingen zuwenden.

Zufriedenheit und Gelassenheit bedeuten auch, sicher zu sein. Man ist zwar nicht geschützt vor den Unwägbarkeiten des Lebens, man weiß aber, dass man mit allem das einem zustoßen kann, fertig wird. Ich habe die Kompetenz mit den Dingen die mir begegnen klar zukommen. Letztlich muss ich ja auch mit allem klarkommen, sogar mit meinem Ende.

Unzufriedenheit

Nichts ist schlimmer für das eigene Seelenheil als Unzufriedenheit. Denn unzufrieden sagt, dass es einen Bereich gibt, indem man keinen Frieden mit sich selbst geschlossen hat. Viele Leute sind unzufrieden mit ihrer Figur, unzufrieden mit ihrem Job, unzufrieden mit ihrem Partner und letztlich unzufrieden mit sich selbst. Unzufriedenheit korreliert auch oft mit Neid. Man ist nicht zufrieden mit dem, was man hat, und schaut auf das, das ein Anderer hat. Dadurch, dass diese Menschen ihren Fokus auf die Bereiche ihres Lebens richten, die nicht gut funktionieren, nehmen Sie sich die Freude an den vielen anderen Dingen, die gut und schön sind.

Die Philosophie, die dahinter steckt.

Die Philosophen sind sich darüber einig, dass es letztendlich keine Wirklichkeit gibt. Vielmehr ist alles nur eine Konstruktion unseres Hirns. Wahrheit entsteht vielmehr durch Übereinstimmung. Wenn also schon unsere Wirklichkeit ein Konstrukt ist, warum konstruieren wir Sie denn dann nicht so, dass Sie uns gut tut.

Für alles was mir begegnet trage ich die Verantwortung. Vor allem über die Gedanken, die ich mir mache, letztlich ist Denken ja ein aktiver Prozess. Die Sicht auf die Dinge bestimmt mein Erleben. Wenn ich aber schon die Wahl habe, meine Laune selber zu bestimmen, warum soll ich denn dann nicht die gute Laune wählen. Letztlich ist doch alles eine Frage der Aufmerksamkeitsfokussierung. Auf was ich meine Aufmerksamkeit lenke, bestimme aber doch ich selber. Es ist eine Frage der Bewusstheit und des Willens ein selbstbestimmtes, gutes Leben zu führen.

Über Dinge, die ich nicht ändern kann, rege ich mich auch nicht auf.(Es würde ja sowieso nichts nutzen) Sie kennen sicher den berühmten Spruch, „Change it, leave it or love it." Bei Schwierigkeiten suche ich nicht den Schuldigen, sondern eine Lösung. Im Übrigen sind „Schwierigkeiten für mich Lernaufgaben.

Wenn Sie emotional gebunden sind, Schwierigkeiten mit anderen Menschen haben, dann sollten Sie versuchen ihre Sicht zu verändern, dann entstehen andere Gefühle und es gibt dadurch neue Handlungs-optionen.

Warum so viele Menschen unzufrieden sind!

Ich denke es kommt viel aus dem Vergleichen mit anderen Menschen. Denen es vermeintlich besser geht, als einem Selbst. Dabei ist es gerade dieses Vergleichen, was so schädlich und trügerisch ist. Statt mit dem, was man hat, zufrieden zu sein, geht es darum Ansprüche, die von außen an einen herangetragen werden, zu erfüllen. Es ist ein Denkfehler, wenn Menschen meinen, sie müssten Ansprüchen, die andere Menschen aufgestellt haben, gerecht werden.

So ist es auch ein vermeiden für seine eigenen Ansprüche, Bedürfnisse und Rechte einzutreten. Sie sozusagen einzufordern und sich aktiv abzugrenzen. Leider ist es in unserem konsumorientierten System schwer möglich, sich gegen alle Einflüsse von außen, abzuschirmen. Die Wirtschaft versucht, indem sie in alle Bereiche unseres Lebens eindringt, ständig neue Kunden zu gewinnen.

Der Staat müsste an dieser Stelle eingreifen und seine Bürger besser vor der Wirtschaft schützen. Doch da er selber von der Wirtschaft abhängig ist, und profitiert sieht er großzügig über die eine oder andere Regelübertretung hinweg.

.

Statt sich ihre eigenen Bedürfnisse bewusst zu sein, übernehmen Menschen die Standards anderer Leute. Die Mode ist dafür ein gutes Beispiel, wie sehr Menschen oder eine ganze Gesellschaft von wenigen (in diesem Falle Modemacher) beeinflusst werden.

Heute wird den Menschen vorgelebt, wie sie sein sollen. Dadurch haben die Menschen ja erst den ganzen Stress. Andauernd wird ihnen erzählt, wie Sie sich in bestimmten Situationen verhalten sollen. Was ein guter Vater ist, wie man sich verhalten muss in einer perfekten Partnerschaft. Was man im Job alles beachten sollte, selbst wie der Körper aussehen sollte. Sie laufen also immer einem Ideal hinterher. Ohne aber überhaupt zu wissen, ob dieses Ideal überhaupt zu erreichen ist. Geschweige denn, ob es für Sie passt. Die Menschen haben keine festen Strukturen mehr. Fast jede zweite Ehe wird geschieden. Die Arbeitsplätze werden immer unsicherer, und die Menschen wissen einfach nicht, wie sie sich verhalten sollen. Ich finde das Leben ist schon ziemlich anstrengend geworden.

Viele Menschen haben das Gefühl des zu kurz gekommen Seins. Dieses Gefühl entsteht durch andauerndes Vergleichen mit Menschen, denen es besser geht. Dazu kommt eine chronische Zeitknappheit. Die allerdings nur eine gefühlte und selbst gemachte Verknappung ist. Im Prinzip ist Zeit das gerecht verteilteste Gut, das es gibt. Jeder Mensch hat die gleichen 24 Stunden am Tag.

Diese „Knappheit" hat mehrere Ursachen. Zunächst sind die Medien und der PC zu nennen. Alleine das tägliche E-Mail abrufen kostet jeden Tag eine bestimmte Zeit. Der Druck einer permanenten Erreichbarkeit macht den Menschen zum Sklaven seiner Kommunikationsmittel. Viele meiner Kollegen auf der Arbeit haben aber auch das Gefühl des „Verpassens". Sie denken, wenn sie nicht überall sind, dann könnte ihnen ja irgendetwas entgehen. So tanzen sie auf vielen Hochzeiten, ohne irgendwo richtig dabei zu sein.

Während ich früher, in den 70 Jahren, am Abend in eine Disco ging, gehen meine Kinder heute an einem Abend zu mehreren Events. Sie könnten ja etwas verpassen.

Dann gibt es auch zu viele Optionen. Wie soll man sein Leben ausrichten. Wie soll man Leben? Welchen Beruf, wo leben, mit Partner und Kindern, oder lieber ohne. Was soll man essen. Ständig muss entschieden werden, ohne zu wissen, ob man die richtige Wahl getroffen hat.
Viele Menschen sind davon überfordert. Sie haben ja auch keine Vorbilder mehr. Weil alles neu ist. Sie aber auch nicht mehr die

Sicherheit der Kleingruppe oder ihrer Familien haben. Nur noch die Medien, die auf jeden Fall via Fernsehen, jeden Tag ins Wohnzimmer kommen.

Das Gute an dem Schreiben eines Buches ist, dass man als Autor selbst auch immer zu neuen Erkenntnissen kommt. Man überprüft ständig ob das, was man denkt, auch richtig ist. Insofern ist Schreiben noch immer Arbeit am Selbst.

Aus dieser Erkenntnis, die ich für mich selbst gefunden habe, kann ich Ihnen wirklich raten: Führen Sie ein Tagebuch. Es wird Sie erstaunen, zu welchen Erkenntnissen Sie schon nach wenigen Wochen kommen werden. Erkenntnis eins: Meist dreht es sich immer wieder um dieselben Dinge. Erkenntnis zwei: Ihre Stimmung wird sich immer in

einem bestimmten Bereich halten.
Egal ob Sie reich sind oder nicht so
viel Geld haben.. Probieren Sie es
einfach aus. Setzen Sie sich jeden
Tag zur selben Zeit hin und
reflektieren Sie schriftlich über ihren
vergangenen Tag.

Das falsche Leben im richtigen Leben.

Oder: ein Leben in der Warteschleife.

Viele Menschen, eigentlich die Meisten sind mit ihrem Leben nicht zufrieden. Sie sind immer auf der Suche. Entweder es ist der Job, der ihnen nicht gefällt. Da werden sie sich bald etwas anderes suchen. Erzählen Sie teilweise schon jahrelang. Oder es ist die Wohnung, die ihnen nicht gefällt und aus der sie so schnell wie möglich ausziehen möchten. Bei einigen ist es die Partnerschaft, über die sich immer wieder in regelmäßigen Abständen beklagen. Dann aber ist alles gut, bis zum nächsten Streit.

Ihr Leben wäre ja toll, wenn Sie denn den anderen Job, eine andere Partnerin, mehr Geld oder sonst irgendetwas anderes hätten. Dann wären sie wirklich glücklich. Sie tun aber nichts um diesen Zustand zu verändern. Sondern verharren in ihrem vermeintlichen" Elend". Sie führen ein Leben in der Warteschleife.

Kennen Sie das? Wenn das Wörtchen „wenn" nicht wär. Dann wäre ich schon längst Millionär, auf jeden Fall etwas ganz Tolles. Wenn der Hund nicht eine Pause gemacht hätte, hätte er den Hasen gehabt. Menschen, die nicht zufrieden sind, sprechen oft in „Wenn „Sätzen. Sie sind nicht zufrieden, und knüpfen ihre Unzufriedenheit an eine Bedingung, die von außen erfüllt werden muss. Das ist eben das" wenn". Kleine Anmerkung. Jetzt sollte man doch denken, dass die Menschen mit dem Manko (wenn), alles tun würden, um diesen Mangel zu beheben. Also einen anderen Job, eine andere Wohnung oder einen anderen Partner zu finden. Das tun sie aber gerade nicht. Sie werden uns noch in zehn Jahren die

Ohren voll heulen. Aus diesem Grunde ignoriere ich schon seit einiger Zeit das Gejammer einiger meiner Mitmenschen. Sie beklagen sich auf hohem Niveau, jedoch ohne, irgendetwas zu ändern.

Was bedeutet das denn? Sie führen ein falsches Leben oder ein nicht komplettes Leben in ihrem richtigen Leben. Es fühlt sich zumindest für Sie so an, nur Sie registrieren anscheinend nicht, dass ihre Zeit läuft.

Das Leben ist nicht perfekt

Der Irrtum vieler Menschen ist folgender: Das Leben muss perfekt sein! Wenn nicht dann fehlt irgendwas. Das Leben ist das Leben und es ist nicht perfekt. Nicht mal gerecht. Es ist so, wie es ist. Solange wir glauben es müsste anders sein, solange werden wir uns nicht wohl fühlen. Hören Sie auf, ihr Leben als Wunschkonzert zu betrachten, sondern machen Sie etwas daraus. Wenn Sie erwachsen sind, werden Sie wissen, was ich meine.

Die Frage „Warum"

Oft sind es die kleinen Dinge, die eine große Wirkung haben. So war es bei mir mit der Frage: „Warum". Bei mir hat diese Frage jedenfalls viel ausgelöst. Durch die Frage warum, kommen wir doch erst zu dem Grund unseres Tuns. Das Wort warum erdet uns, die Antwort auf dieses Wort offenbart uns den tieferen Sinn. Bevor wir etwas Neues beginnen, oder uns etwas

Neues anschaffen, sollte die Frage nach dem, warum, immer an erster Stelle stehen. Leider stellt man sich diese Frage viel zu selten. Viel öfter stellt man sich dagegen die Frage: "Wie mache ich das"? Wie verdiene ich mehr Geld? Wie werde ich berühmt? Wie kann ich mein Gewicht reduzieren? Usw.

Die Frage wie führt uns zu den Mitteln, die wir brauchen, um unser Ziel zu erreichen. Ob das Ziel aber überhaupt das Richtige für uns ist, kann uns nur die Frage nach dem Warum beantworten. Dass vieles aber aus dem Außen kommt, Mode, Trends, Fernsehen und Massenmedien allgemein, über-nehmen wir diese Vorgaben ungeprüft und denken Sie kommen aus unserem Selbst. Dabei ist es ein riesengroßer Irrtum. Der uns in der Vergangenheit schon große

Schwierigkeiten gemacht hat. Auf dem Wege zur Zufriedenheit sollten wir immer wieder überprüfen, ob die Ziele die wir verfolgen authentisch sind. Ob wir uns mit diesen Zielen identifizieren können, ob Sie zu uns kongruent sind.

Zufriedene entscheiden und bleiben dann dabei

Zufriedene Menschen denken eine Sache zu Ende. Sie brauchen natürlich auch Dinge wie jeder andere Mensch auch. Wohnung, Auto, Job, Partnerschaft und viele andere Dinge. Sie haben ihre Anforderungen und entscheiden danach. Wenn es zum Beispiel ein preiswertes Auto sein soll, sind der Anschaffungspreis und der Benzinverbrauch wichtige Kriterien.

Sind diese Kriterien erreicht, entscheiden Sie sich für eine Anschaffung. Entspricht die Information, die sie vorher hatten, der Realität, sind Sie mit Ihrem Kauf zufrieden. Sie suchen dann nicht mehr weiter. Sie sind zufrieden mit ihrer Wahl. Sie richten den Fokus ihrer Aufmerksamkeit dann auf andere Dinge. Zufriedene Menschen entscheiden öfters als unzufriedene Menschen oder Glück suchende Menschen. Denn Sie wissen, dass keine Entscheidung auch eine Entscheidung ist, nämlich, dass alles so bleibt, wie es ist.

Einlassen

Wer von uns hat nicht Freunde oder Bekannte, die immer wieder einen neuen Job haben oder eine neue

Partnerschaft. Wenn es Schwierigkeiten gibt, wechseln Sie Ihren Arbeitsplatz oder Ihren Partner. Sie setzen sich nicht mit den Problemen auseinander, sondern gehen den Schwierigkeiten aus dem Weg.Sie fangen lieber immer wieder von vorne an. Menschen, die sich immer wieder neu entscheiden, begeben sich einer großen Chance. Sie können sich nicht weiterentwickeln. Wer immer wieder, wenn es Schwierigkeiten gibt, alles hinschmeißt und neu anfängt, kann sich nicht weiterentwickeln. Während der zufriedene Mensch weiß, dass jeder Weg mehrere beschwerlichere Wegstrecken hat, denkt der Glück suchende Mensch alles muss einfach sein. Dabei bietet gerade das Einlassen und Annehmen, eine große Chance, um sich selbst weiterzuentwickeln. Menschen, die

andauernd ihren Job oder ihre Partnerschaften wechseln haben, ein grundlegendes Problem. Das hinter dem ständigen Wechsel steht. Die Aufarbeitung dieses Problems umgehen sie aber in dem sie immer wieder von vorne anfangen.
Das Leben belohnt den Menschen, der dran bleibt, nicht den der immer wieder aufgibt.

Gelassenheit

Ein Beispiel. Als Autofahrer hat man ab und zu Stress. Manchmal wird man auch beleidigt. Früher habe ich mich darüber oft ganz schön aufgeregt. Doch heute habe ich meine Einstellung verändert. Ich glaube kein Mensch kann beleidigt werden, wenn er das nicht selber zulässt. Dann denke ich, dass die Menschen, die andere Leuten Beleidigen oder sie beschimpfen, ein Problem haben. Wenn ich mich auf ihr Problem einlasse, (mich also auch aufrege) habe ich das Problem von diesen Leuten. Ich will das Problem aber gar nicht haben. Also rege ich mich nicht auf. Im Zustand der Zufriedenheit hat man ja einen gewissen Abstand zu sich und den Dingen die um einen herum passieren. Darum muss man auch nicht immer sofort einsteigen oder reagieren, wenn etwas passiert, was einem nicht gefällt. Man kann die

Dinge auch laufen lassen und schauen was passiert. Die meisten Sorgen, die man sich macht, ca. 98 % sind sowieso umsonst. Es passiert nichts. Logischerweise sollte man sich dann auch keine Gedanken mehr machen. Und falls etwas passiert, hat man ja die Kompetenz damit fertig zu werden. Darum kann man das Leben ganz gelassen angehen und statt sich andauernd Sorgen zu machen lieber versuchen das Leben zu genießen.

Geduld

Eine oft unterschätzte Tugend ist die Geduld. Geduld ist ein weiterer

Baustein zu einem besseren Leben. Dinge verändern sich ständig, auch ohne unser Zutun. Alles hat seine Zeit und alles braucht seine Zeit. Weise ist, wer erkennt, wo Handeln nötig ist und wo man abwarten muss. Viele Dinge lassen sich nicht erzwingen, und durch Ungeduld macht man sich nur selbst das Leben schwer.

Hedonismus und Zufriedenheit

Sich mal richtig etwas zu gönnen, ohne ein schlechtes Gewissen zu haben. Das gehört auch zu einem zufriedenen Leben. Sich selbst bewusst etwas Gutes tun. Gutes für Körper und Seele. Das kann ein Saunabesuch sein, ein schöner Abend im Bett mit der geliebten Partnerin, ein Besuch in einem guten Restaurant oder einfach den Abend mit einem schönen Buch zu verbringen. Es gibt viele Möglichkeiten sich das Leben schön zu machen. Wir sollten kein schlechtes Gewissen dabei haben, und uns das gönnen, was wir gerne möchten.

Die Begrenztheit des Lebens

Dadurch, dass wir wissen, dass unser Leben nicht ewig dauert, sind wir gezwungen, Haltungen zu entwickeln. Wir könnten alles so laufen lassen, um dann irgendwann von unserem Ende überrascht zu werden. Die zeitliche Beschränkung unseres Lebens zwingt uns gerade dazu, unser Leben zu gestalten. Wenn wir etwas in unser Leben bringen wollen, müssen wir dass planen. Wir können natürlich auf den Zufall vertrauen, was ja viele Menschen tun. Sie möchten nicht den Preis bezahlen, den es kostet, bestimmte Dinge in sein Leben zu holen. Das ist dann: „Wasch mir den Pelz, aber mach mich nicht nass.“

Beispiel: Ihre Ehe ist schon tot. Sie haben jemand anderes kennengelernt, mit dem Sie sich eine gemeinsame Zukunft vorstellen könnten. Andererseits haben sie gerade gebaut und die Kinder sind klein. Der Preis, den Sie zahlen

müssten, wäre ziemlich hoch. Was tun Sie? Auf der anderen Waagschale steht ein befristetes Leben, das morgen zu Ende sein kann. Natürlich ist alles, was in ihrer Ehe läuft, auch eine Lüge. Wie würden Sie entscheiden, wenn Sie wüssten, dass Sie in drei Jahren sterben würden?
Vergessen Sie nicht den zeitlichen Aspekt.

Wie gelangt man zur Zufriedenheit?

Zunächst sollte jeder für sich selbst klären, wie seiner Ansprüche sind.

Zunächst in Bezug auf das Leben, dann auf die Unterbereiche wie Wohnung, Arbeit, Partnerschaft usw. Dann sollte er für sich definieren, was für ihn in jeden dieser Bereiche, ausreichend wäre. Keine Maximalansprüche. Es gibt ja dieses schöne Buch von Barry Schwarz: „Anleitung zur Unzufriedenheit, warum weniger glücklich macht". In diesem Buch unterscheidet er zwei Arten von Menschen einmal die Maximizer, das sind die Menschen, die sich stetig zu verbessern suchen. Dann gibt es eine andere Spezies die „Satisficer" das sind die Menschen die, wenn sie einen gewissen Standard erfüllt sehen, zufrieden sind. Während die Maximizer immer versuchen sich noch weiter zu verbessern sind die anderen mit dem Resultat ihrer Suche zufrieden. Ich denke darum geht es,

anzukommen. Irgendwann zu
sagen" das ist es jetzt!" Und dann
wieder Kraft für andere Dinge zu
haben. In Anbetracht eines Lebens,
dessen Dauer beschränkt ist, kann
doch nur Zufriedenheit die einzig
mögliche Haltung sein. Die andere,
nämlich das Streben nach Glück
führt direkt in die Irre. Das ist die
Haltung des immer mehr. Immer
besser, immer schneller, immer
teurer, immer neu.

Die Praxis der Zufriedenheit

Wie kommt man nun zu einer
Zufriedenheit im Leben? Zunächst
sollte man seine Erwartungen
überprüfen. Welche Erwartungen

hat man in den bestimmten Bereichen, die wir schon oben angesprochen haben. Wie schon ausgeführt habe, ist es schlecht die Erwartungen zu hoch zusetzen. Wir sollten uns vielmehr fragen was ist ausreichend, damit ich mich wohlfühle. Erwartungen die zu hoch sind lassen sich schlecht erfüllen, und führen dadurch zu permanenter Unzufriedenheit. Wenn die Erwartungen, die man an bestimmte Bereiche hat, erfüllt sind, sollte man die Suche in diesem Bereich beenden.

Beispiel Partnerschaft: ich kenne viele Männer die eine Partnerin haben, aber damit nicht glücklich sind. Sie denken es gibt noch etwas Besseres. Möchten sich aber von ihrer jetzigen Freundin nicht trennen, denn sonst ständen Sie ja ganz ohne da. Sie sind also permanent auf der Suche. Sie haben

das Gefühl: Es gibt noch etwas Besseres. Das hindert sie natürlich, sich auf ihre Partnerin einzulassen. Menschen nehmen sich viel durch ihre permanente Suche.
So ist das in vielen Dingen, ob es der Job ist, den man erst mal vorübergehend angenommen hat. Die Wohnung, die man nur genommen hat, weil man dringend eine brauchte, und aus der man natürlich so schnell wie möglich wieder auszieht, um eine bessere zu beziehen. So geht das Tag aus, Tag ein. Diese armen Menschen befinden sich immer in einem Wartestand. Kommen nicht an, fühlen sich natürlich nicht wohl.

Wie ich oben schon angeführt hatte, gehorchen viele Menschen dem Druck der Masse. Man kann das auch Trend nennen. Es kommt auf jeden Fall nicht von den Individuen selber. Sie reagieren nur auf das, was ihnen täglich durch die Massenmedien suggeriert wird. Sie agieren nicht sondern reagieren. Darum sind viele Menschen auch heute so kindisch. Ich kenne fünfzigjährige Männer die in kurzen Hosen auf Skate Boards durch die Straßen fahren. Muss das sein? Und wann wollen diese Menschen selbstständig werden, wann endlich erwachsen. 30 jährige die bei ihren Eltern leben, ohne auch nur den Wunsch zu haben erwachsen zu werden.

Zufrieden sein bedeutet auch selbstständig sein, selbstständig und autark in seiner Meinung und im Verhältnis zu anderen. Verantwortung für sich und andere zu tragen.

Zufriedenheit bedeutet aber noch etwas anderes, zufrieden mit sich und den Dingen, die man hat. Es bedeutet ein Ende des immer mehr, dieses umgeben mit den Dingen hat ein Ende. Dinge als Ersatz für Leben. Zufriedenheit heißt Frieden schließen mit sich und der Umwelt. Es bedeutet nicht das Ende der Arbeit am Selbst, sondern eine Reflexion.

Erich Fromm hat vor vielen Jahren schon das Buch: Haben oder Sein geschrieben. Darin beschreibt er genau das Dilemma zwischen den beiden Zuständen, nämlich im Zustand des haben wollen oder einfach zu sein. Viele Menschen denken, wenn sie etwas haben, sind sie auch was. Das ist ein großer Irrtum. Letztendlich haben dann die Dinge die Menschen.

Gemütlich sitzen, mit dem Gefühl es ist alles da. Ich brauche nichts mehr. Welch eine Entspannung und Erlösung gegenüber dem Gefühl des Mangels. Für mich jedenfalls ist die Erkenntnis, dass ich in Wirklichkeit schon immer alles hatte, ein großer Gewinn.

Zufriedenheit und die die Frage nach dem Bedarf

Zufriedene Menschen stellen sich bevor Sie etwas Neues anschaffen oder etwas Neues riskieren – oder tun die „brauche ich das" Frage. Wenn sie in die Stadt fahren um sich einen neuen PC zu kaufen fragen Sie sich warum brauche ich diesen neuen PC? Darauf gibt es dann verschiedene Antworten. Wenn Sie es für ihre Arbeit brauchen, und nichts Vergleichbares da haben, dann ist es OK. Brauchen Sie es für den Konsum, dann sollten Sie sich fragen, ob es nicht anderes,

Gleichwertiges gibt, das ihren Bedarf genauso befriedigt, aber schon in ihrem Besitz ist. Kommen Sie zu keiner befriedigenden Antwort, lassen Sie es. So handeln Sie bei allen Dingen, die dazu kommen sollen. Zu dem, was Sie also schon haben. Wenn Sie schon einen Fernseher haben, fragen Sie sich wozu brauche ich noch einen neuen Fernseher. Ein Zweitauto, noch ein paar Schuhe usw. Ist das Bedürfnis aber trotzdem da, sitzen Sie es aus. Sie fahren, um in unserem Beispiel zu bleiben, einfach nicht in die Stadt. Und sparen sich damit das Geld und die Belastung, die Sie mit einem zusätzlichen Gerät haben. Denn wie ich schon an anderen Orten dieses Buches geschrieben habe, bedeutet alles was wir in unserem Leben an Dingen haben eine Belastung. Auch weil wir zuerst oder aus einigen Dingen viele

Vorteile ziehen, braucht jedes"
Ding" Platz und Energie. Da Platz
und Energie nicht unbeschränkt
vorhanden sind, muss anderes
zurückstehen. Stellen Sie sich also,
bevor Sie etwas tun, Neues
anfangen oder etwas Neues kaufen
die warum Frage. Und überlegen Sie
sich ob Sie dieses Neue wirklich
wollen. Sparen Sie sich Ihre Zeit, ihr
Geld und den Platz in ihrem Leben
für die wirklich wichtigen Dinge
auf.

Sich Zeit nehmen

Alles hat seine Zeit und alles
braucht seine Zeit. Ich bin fest
davon überzeugt, dass wenn die
Menschen sich mehr Zeit nehmen

würden, unser Leben besser wäre. Zeit ist auch immer Lebenszeit. Die Tage dachte ich noch so: wo ist eigentlich die ganze Zeit die ich gelebt habe hin? Wie viel von dieser Zeit habe ich bewusst verbracht und nicht in diesem Automatik Zustand. Seien sie bewusst und handeln sie bewusst langsam. Nehmen sie dadurch wahr, was sich in ihrem Denken, in ihrem Körper und ihrer Umwelt abspielt. Sie müssen nicht wie ein Verrückter Auto fahren, wie ein Roboter blind durch ihr Leben gehen. Sie haben die Wahl. Entscheiden sie sich für mehr Zeit, mehr Emotionen, mehr guter Gefühle.

Zufriedene Menschen kontrollieren ihre Impulse

Sie wissen was sie wollen, und das tun sie dann auch. Sie rennen nicht jeder neuen Idee hinterher, sondern mancher Rezession soll das geholt haben konzentrieren sich auf das, was Sie sich vorgenommen haben. Sie können Wichtiges von Unwichtigen unterscheiden. Statt fern zu sehen, lesen Sie lieber Bücher und bestimmen so, womit sich ihr Geist beschäftigt. Sie sind lieber aktiv als passiv. Dadurch, dass Sie viel Zeit gespart haben, indem sie ihr Leben nicht mehr mit Dingen vollpacken, können sie andere Projekte beginnen. Sie sparen auch unendlich viel Zeit, weil

Sie nicht mehr hinter Angeboten in der Werbung herlaufen. Sie checken jeden Tag einmal ihre Mails, das reicht. Sie haben keine Angst etwas zu verpassen. Bei allem was Sie tun, fragen Sie sich, wozu mache ich das. Ist es ein Bedürfnis oder eine Gewohnheit. Ein Reflex, weil ich jetzt am PC sitze, oder surfe ich im Netz, weil ich etwas brauche oder suche?

Zufriedene Menschen beschäftigen sich nicht mehr mit ihrer Wirkung auf andere Menschen, sondern sind selbstbewusst. Sie umgeben sich mit Menschen, die ihnen gut tun, und nicht mit Leuten, die ihnen permanent Energie rauben.

Dinge zu Ende bringen

Zufriedene Menschen erledigen die Dinge, die sie sich vorgenommen haben. Meist erledigen Sie Ihre Aufgaben sofort. Somit muss sich hier Kopf nicht immer wieder mit den gleichen Dingen beschäftigen und Sie haben mehr Energie. Sie wissen, was Sie erreichen möchten. Sie erstellen einen Masterplan. Dabei gehen sie von ihrem Ziel aus. Sie wissen was sie wollen, haben sozusagen ein Bild vor Augen. Von diesem Bild aus planen Sie dann rückwärts. Sie überlegen sich die Schritte, die nötig sind, um ihr Ziel zu erreichen. Diese Schritte übertragen Sie dann in ihrer täglichen Todolisten. So stellen Sie sicher, dass sie nach und nach, Schritt für Schritt ihr Ziel erreichen.

Um ihren Alltag zu bewältigen, führen sie natürlich auch Todolisten und haben eine einfache Terminverwaltung. Sie kann so aussehen, dass man die Aufgaben aus der ToDo-Liste einfach in einen Taschenkalender überführt. Oder in einen kleinen Notizblock, den man permanent bei sich führt, einträgt. Die Planung für die neue Woche erledigen sie am Wochenende. Das ist auch ein Ritual, am Sonntag die Planung für die kommende Woche zu erledigen.

 Sie werden nicht abgelenkt durch den Wunsch nach immer mehr, mehr Information, mehr Lust, mehr Geld usw. Sie haben nicht das Gefühl etwas zu verpassen. Aus diesem Grunde haben Sie auch Zeit, Dinge zu erledigen, die sich mit der Jagd nach dem Glück nicht vereinbaren lassen. Sie sind einfach gelassener. Sie nehmen sich bewusst

Zeit. Nur wenn man sich Zeit nimmt, hat man auch Zeit.

Dadurch, dass Sie ihre Dinge erledigen, haben Sie ihren Kopf frei. Sie treffen Entscheidungen, anhand von Kriterien und handeln danach.

Sie haben auch Ängste und Sorgen, aber im Gegensatz zu vielen anderen Menschen, wird ihr Leben nicht davon beherrscht. Wenn Sie sich etwas vornehmen, handeln Sie auch trotz Bedenken. Dann lernen Sie am Ergebnis.

Zufriedene Menschen können auch ein Risiko eingehen, Sie wissen „Alles wird gut". Sie haben keine panische Angst vor Verlusten. Das Leben ist ja auch an sich unsicher und endet immer mit dem Tod.

Sie wissen, dass die Welt nicht perfekt ist. Darum versuchen Sie auch, nicht sich selbst zu perfektionieren. Sie handeln ja auch

nach dem Grundsatz: „Es ist
genug."Nicht: „Es ist perfekt.
Der Aufwand, der zu treiben ist, um
perfekt zu sein, ist ihnen zu hoch,
Ihnen reicht es, genug zu sein.
Man sollte so im Leben handeln,
dass das Ergebnis ausreicht.

Zufriedene Menschen sind gnädig
zu sich und Anderen

Ein Mensch, der in sich ruht, sieht
das was auf der Welt passiert mit
einem gewissen Abstand. Er weiß
um die menschlichen Schwächen,
und auch um seine eigenen kleinen
Handicaps. Zum Menschsein gehört
auch die Unvollkommenheit, sonst
wären wir ja Götter. Es ist also
normal, unvollkommen zu sein.
Jeder von uns macht Fehler. Der
zufriedene Mensch gesteht sich und

anderen das zu. Er kalkuliert kleine Schwächen sozusagen ein. Ist nicht überrascht, wenn mal wieder etwas in die Hose geht. Er weiß ja, dass er selbst nicht fehlerfrei ist, und verlangt das auch nicht von anderen Leuten. Er ist gut zu sich und anderen Menschen. Er denkt ab und zu: „Was würde ein bester Freund jetzt zu mir sagen?“ Aus dieser Haltung ergibt sich auch, dass er sich ab und zu mal richtig etwas gönnt.

Das Prinzip der leeren Hand

Bevor Sie etwas Neues kaufen, eine neue Partnerschaft eingehen oder sich ein Haustier anschaffen, sollten Sie überlegen, ob Sie überhaupt Platz dafür haben. Viele Menschen, die ich kenne, haben ihr Leben so vollgestopft, dass kaum noch Platz für anderes da ist. Vor einiger Zeit lernte ich einen Mann kennen, der unbedingt eine Partnerin kennenlernen wollte. Er hatte es schon mit mehreren Frauen probiert, doch irgendwie schien es nie zu klappen. Wie sich herausstellte, war er beruflich sehr eingespannt, zusätzlich engagierte er sich in einigen Vereinen und wollte natürlich auch den Kontakt zu seinen Eltern (er besuchte sie wöchentlich) nicht abreißen lassen. Dazu kam, dass seine Kinder aus erster Ehe alle zwei Wochen das Wochenende bei ihm verbrachten. Als ich ihn darauf aufmerksam machte, dass in seinem Leben überhaupt kein Platz für eine Frau ist, gestand er mir nach einigem nachdenken zu, dass ich recht habe. Er müsse da noch irgendetwas tun. Ich denke damit sollte die

Partnersuche anfangen. Platz zu schaffen für den anderen. Daran sollte man immer zuerst denken: Habe ich überhaupt Platz für das Neue in meinem Leben. Bevor man sich mit den Gedanken irgendetwas Neues in sein Leben heran zulassen beschäftigt, sollte man sich fragen: Ist schon Platz da, oder muss ich erst Platz schaffen.

Sinnsuche und Zufriedenheit

Jeder der schon mal nach dem Sinn in seinem Leben gesucht hat, weiß wie frustrierend und sinnlos diese Suche teilweise ist. Der zufriedene Mensch weiß das natürlich auch. Denn er hat nach dem Sinn des Lebens geforscht. Nachdem er herausgefunden hat, dass der Sinn des Lebens nur aus ihm selbst kommen kann, hat er die Suche aufgegeben. Er hat sich ja entschlossen, mit seinem Leben zufrieden zu sein. Das bedeutet sich selbst annehmen und wissen das Ich mit allem, was mir im Leben begegnen kann, zurechtkomme. Sogar mit meinem Ende. Das muss zwar jeder, doch wenn man es sich einmal bewusst macht, fällt es einem leichter das zu akzeptieren. Zufriedene Menschen finden oft in der Religion Zuversicht. Menschen, die nicht glauben, sind mit einem geplanten Leben vor ihrem Tode zufrieden.

Zufriedenheit und alleine sein

Zufriedene Menschen können gut mit sich alleine sein. Sie mögen natürlich auch die Gesellschaft anderer Menschen, sind aber nicht darauf angewiesen. Es gibt viele Menschen, die meinen sie könnten es nicht ertragen, für eine Zeit alleine zu sein. Einsam kann man sich auch zu zweit fühlen. Der Mensch, der auch mit sich allein sein kann, hat einen großen Vorteil: Er ist nicht gezwungen, sich eine Gesellschaft zu suchen. Allerdings denke ich, es ist nicht gut, zu lange alleine zu leben. Es könnte sein, dass sich mit der Zeit der Charakter verändert. So wie Nietzsche sagt:" Wer mit Ungeheuern kämpft, mag zu sehn, dass er nicht dabei zum Ungeheuer wird. Und wenn du lange in einen Abgrund blickst, blickt der Abgrund auch in dich hinein." - Aph. 146

Zufriedenheit und Optimismus

Wer zufrieden ist, ist auch gleichzeitig ein optimistischer Mensch. Der denkt die Zukunft und auch er selbst würden sich positiv entwickeln. Sonst würde er pessimistisch denken, müsste er sich um seine Zukunft sorgen. Dieser Gedanke verträgt sich aber nicht mit dem Gefühl der Zufriedenheit. Denn Zufriedenheit besagt ja gerade, dass alles in Ordnung ist. Obwohl ein optimistischer Mensch gerne Sachen angeht, kann sich ein zufriedener Mensch zurücknehmen.

Er weiß ja, dass er die Kompetenz hat, mit Dingen, die zufällig in sein Leben kommen, zurechtzukommen. Zufrieden sein, bedeutet aber nicht sein Leben willenlos an sich vorbeilaufen zu lassen. Vielmehr bedeutet es aus der betroffenen Ebene, sich zurückzuziehen auf die Ebene der Reflexion. Man ist nicht mehr unmittelbar betroffen, sondern kann sich auf eine andere, höhere, Ebene zurückziehen. Von da aus mit einem Abstand, der nicht mehr durch die Gefühle beeinflusst wird, die Dinge analysieren.

Man kann sagen, dass derjenige der zufrieden ist und damit mehr Seelenruhe hat, das Leben tiefer lebt. Er ist nicht mehr von der Hetze des Alltags geprägt, sondern lebt eher in einer Welt der Werte.

Die Seelenruhe

Wer zufrieden mit seinem Leben ist, hat für sich alles. Er braucht nicht mehr. Er ruht in sich selbst. Er weiß, wer er ist, was er kann und was er will. Er braucht keine Anerkennung und Applaus von anderen Menschen, sondern kann sich die Anerkennung selbst geben. Er will auch kein Recht mehr haben, weil er weiß, dass er es nicht braucht.

Er kennt seine Grenzen und kann die Dinge, die er beeinflussen kann von den Dingen, die er nicht ändern kann, unterscheiden. In dem Sinne ist er Weise. Nichts ist schädlicher als die Versuche Dinge zu ändern, die nicht zu ändern sind. Man muss erkennen, wann nichts tun, besser ist als Handeln. Oft muss man loslassen können. Im Zuge einer

Philosophie der Zufriedenheit ist das Unterscheiden von Situationen, die kein Handeln zulassen, lernbar. Dinge annehmen, die nicht zu ändern sind.

Viele Dinge im Leben können wir nicht ändern. Zum Beispiel das Wetter. Jetzt können wir uns den ganzen Tag über das Wetter ärgern, aber darum wird sich das Wetter nicht ändern. So ist es mit vielen Dingen, ob das im Job ist, oder die Gesundheit. Wir können die Dinge aber annehmen und unserer Haltung verändern. Indem wir unsere Haltung verändern, verändern wir unsere Gefühle gegenüber den Dingen. Mit dieser neuen Einstellung gelingt es uns, dann die Dinge anzunehmen. Meiner Meinung nach gibt es keine andere Möglichkeit.

Zu der Seelenruhe, die man hat, wenn man zufrieden ist, gesellt sich oft eine innere Heiterkeit. Indem man von seinem Standpunkt der Zufriedenheit auf die Welt schaut, die oft vergebliche Betriebsamkeit und die vielen Irritationen der Mitmenschen sieht, auf deren Wege zum" Glück", freut man sich über die eigene Ruhe. Und über das eigene Glück der Zufriedenheit. Man kann diesen Zustand auch mit dem Zustand des Buddhas vergleichen. Derjenige der zufrieden ist hat auch gleichzeitig ein dickes Fell. Ihn juckt das, was in der Welt los ist, nicht mehr so sehr. Er hat sich ja seine eigene Welt selbst erschaffen und ist zufrieden damit.

Selbstzufriedenheit

Selbstzufriedenheit bedeutet, mit sich selbst Frieden geschlossen zu haben. Es katapultiert einen sozusagen auf einen Platz, auf dem man sich selbst reflektiert. Von dort sieht man sich- mit dem, was man braucht und erklärt sich somit für selbst zufrieden. Selbstzufriedenheit bringt einen in Abstand zu sich selbst. Man ist nicht mehr in den Gefühlen des" nicht genug" gefangen. Selbstzufriedenheit ist das Gefühl des genug. Selbstzufriedenheit ist nicht zu verwechseln mit Selbstgerechtigkeit. Der selbstgerechte Mensch ist nicht der Zufriedene, den ich meine.

Selbstgenügsamkeit

Während das Individuum im Zustand der Selbstzufriedenheit über sich selbst sagt ich bin es zufrieden, bedeutet Selbstgenügsamkeit es ist mir genug. Selbstgenügsamkeit bedeutet freiwillige Einschränkung und damit einen größeren Gewinn an Freiheit. Dabei ist weniger mehr. Weniger Dinge bedeuten mehr Freiheit. Überlegen Sie einmal! Wenn Sie ein Auto haben, müssen sich darum kümmern, zwei Autos bedeutet noch mehr Zeit und Geld, die Sie aufwenden müssen, auch wenn sie überhaupt nicht damit fahren würden. Weniger Arbeit bedeutet mehr Zeit für sich selbst, was schließlich Lebenszeit bedeutet. Weniger Möglichkeiten bedeutet weniger Zeit zum aus Suchen verwenden. Darum ist gerade in der heutigen Zeit Genügsamkeit eine wichtige Tugend. Nicht immer mehr, sondern freiwillige Beschränkung auf das Notwendige sollte die Devise des sich selbst reflektierenden Menschen sein.

Zur Zufriedenheit kann man sich entschließen, ganz einfach, indem man sagt, ich bin zufrieden. Im Gegensatz dazu steht die Jagd nach dem Glück. Zum Glück kann man sich nicht entschließen man kann höchstens erkennen, ob man im Moment glücklich ist. Sie sehen also einen fundamentalen Gegensatz. Während Zufriedenheit eine Haltung ist, bedeutet glücklich sein, einen Zustand. Auf glücklich sein, hat man wenig Einfluss, während Zufriedenheit" ich bin es zufrieden" eine Haltung ist, die man einnehmen kann.

Derjenige, der in seinem Leben ruhen möchte und trotzdem genießen ohne immer von dem Gefühl verfolgt zu werden es fehle was, sollte die Haltung der Zufriedenheit gegenüber der Welt einnehmen. Es spart viel Kraft und bietet eine angenehme Distanz zu der Hetze nach Glück.

Zufriedenheit und Emotion

Passen große Gefühle und Zufriedenheit zusammen?

Sicher wird auch der, der zufrieden ist, von Schicksalsschlägen getroffen. Die damit verbundenen Emotionen, wie Trauer, Wut und Zorn lassen auch ihn nicht kalt. Er hat allerdings eine bessere Ausgangslage, als derjenige der sich noch nicht mit dem Thema der Zufriedenheit auseinandergesetzt hat. Leute, die sich zu der Haltung der Zufriedenheit entschlossen haben, wissen um die Widrigkeiten des Schicksals. Sie sind sich darüber im Klaren, dass es Dinge gibt, die Sie nicht ändern können. Sie sind aber in der Lage ihrer Haltung gegenüber diesen Dingen so zu ändern, dass sie damit zurechtkommen. Sie werden nicht von einer Welle des Zorns mitgerissen, sondern Sie können sich ihren Zorn anschauen. Sie haben den Zorn aber sie sind nicht ihr Zorn.

Zufriedene und Konsum

Wie oben schon mehrfach gesagt, haben sich zufriedene Menschen entschlossen, dass es genug ist. Genug in Bezug auf Konsum, Partnerschaft, Freunde, Events usw. Sie brauchen nicht mehr Sie sind sozusagen" satt". Sie haben genug vom immer mehr. Sie wissen was sie brauchen, das haben sie. Jedes mehr ist ein Zuviel.

Warum zu viel im Leben zu wenig ist!

Alles was wir in unserem Leben haben, Menschen oder Dinge, benötigt Platz. Entweder physischen Platz oder psychischen Platz manche Dinge benötigen auch beides. Und es ist genauso, wie ich es sage. Haben Sie zu viel, sind sie nur beschäftigt mit den" Dingen". Wo ist dann der Platz für sich selber? Ich kenne Leute die nur damit beschäftigt sind ihre" Dinge" hin und her zu transferieren, z. B. Aktien. Ihr Denken beschäftigt sich den ganzen Tag mit den Kursen ihrer Aktien. Ihr eigenes Leben haben sie dabei schon aus den Augen verloren.

Sind zufriedene Menschen geizig?

Zufriedene Menschen sind nicht geizig, sie sind aber auch nicht verschwenderisch. Wenn Sie in Ihrer Wohnung sitzen, möchten Sie auch nicht frieren, ihnen ist es aber nicht egal, ob Ressourcen verschwendet werden. Sie hinterfragen, wofür sie die Ressourcen verbrauchen. Sie kümmern sich um ihren Ressourcenverbrauch, indem sie ein Haushaltsbuch führen oder zum Beispiel den Verbrauch Ihres Fahrzeuges kontrollieren. Manchen Leuten kommt das vielleicht kleinlich vor, aber das ist dem zufriedenen Menschen egal. Er ist nicht interessiert an der Meinung anderer Leute. Da sie zufrieden sind, haben sie alles, und laufen

nicht dem Geld hinterher. Sie
schmeißen es aber auch nicht aus
dem Fenster, da sie immer ein
kleines Notpolster zur Beruhigung
haben.

Zufriedene Menschen und die Sorge um sich selbst

Zufriedene Menschen sorgen sich
um andere Menschen aber natürlich
auch um sich selbst. Sie wissen um
die Beschränktheit ihres Lebens,
und Handeln danach. Sie schieben
Bedürfnisse nicht ständig nach
hinten, sondern sie erfüllen Sie sich.
Meist handelt es sich bei ihren
Bedürfnissen um Aktionen mit
anderen Menschen oder
Maßnahmen, die zu einer
Verbesserung ihres Körpergefühls

führen. Zufriedene Menschen wissen, dass wenn es ihnen gut geht, Sie auch mehr Zeit für ihre Freunde und Angehörigen haben. Zufriedene Menschen halten ihre Arzttermine ein.

Zufriedene Menschen haben mehr Zeit

Dadurch, dass zufriedene Menschen nicht soviel Zeit mit der Jagd nach Dingen verbrauchen, haben Sie mehr Zeit als andere Menschen. Die Sie wieder mit kreativer Arbeit füllen können. Da sie dem Konsum abgeschworen haben, sich in ihrer Freizeit aktiv beschäftigen, statt sich passiv berieseln zu lassen, haben sie viel mehr Lebensqualität.

Wie gehen zufriedene Menschen mit Herausforderungen um?

Zufriedene Menschen sehen Probleme oder Schwierigkeiten eher als eine sportliche Herausforderung. Durch ihre Selbstreflexion wissen sie um ihre Kompetenzen. Eine ihrer größten Kompetenzen außer ihrem unverwüstlichen Optimismus ist die Gelassenheit. Sie müssen sich nicht beweisen und ihrer Umwelt schon gar nichts. Sie sind autark.

Zufriedene Menschen haben natürlich auch Probleme. Es gibt auch in ihrem Leben Bereiche, die nicht optimal sind. Entweder ändern Sie dann Ihre Einstellung dazu, wenn Sie die Sache nicht ändern können. Oder sie suchen etwas Neues, oder versuchen das Problem zu ändern. Beispiel: In ihrem Job müssen sich viele Überstunden machen. Jetzt können sie ihre Ansicht ändern, indem sie sich sagen: Ich bekomme diese Stunden ja bezahlt. Sie können aber auch die Stelle kündigen, und sich einen neuen Job suchen. Alternativ könnten sie versuchen, weniger zu arbeiten. Wenn Sie sich dafür entschieden haben, ihren Job aufzugeben, handelt der zufriedene Mensch. Er behält zunächst seinen Job, sucht aber gezielt einen Neuen. Wenn er dann, dass was er möchte, gefunden hat, kündigt er und steigt voll in den neuen Job ein. Er springt also nicht ins Wasser, bevor er einen passenden Schwimmring gefunden hat.

Zufriedene Menschen sind fröhlich und ausgeglichen

Menschen, die mit sich und ihrer Umwelt im Reinen sind, wissen um ihre Beschränktheit im Leben. Sie wissen um die Kürze ihre Lebenszeit. Sie versuchen, das Beste daraus zu machen. Sie begrüßen jeden Tag und freuen sich auf ihn. Es ist eben die Haltung, die den Unterschied macht. Während der eine über sein Schicksal jammert, die Umstände (die er sowieso nicht ändern kann) wie das Wetter, seiner Arbeit et cetera. Freut sich der zufriedene Mensch auf seinen Job. Freut sich darauf, dass er heute wieder Geld verdienen kann. Er sieht die Umstände, die er nicht ändern kann als eine sportliche Herausforderung an.

Zufriedene Menschen
jammern nicht

Zufriedene Menschen kennen ihren Einfluss auf ihr eigenes Leben. Sie wissen, dass sie für alles was ihnen in ihrem Leben begegnet verantwortlich sind. Für das was passiert, für ihr Erleben und die Gefühle dazu. Es ist in ihrer Hand A) die Situation zu ändern B), wenn das nicht geht, die Haltung zu ändern und C) dadurch andere Gefühle zu bekommen.
Letztlich ist alles nur ein Konstrukt. In dem Sinne gibt es keine Wirklichkeit höchstens Übereinstimmung. Dazu empfehle ich die Bücher von Erich von Glaserfeld und von Foerster.

Warum sollte man auch wertvolle Lebenszeit mit jammern und sich beklagen verbringen. Viel schöner ist es doch, sich zu freuen und die Zeit zu genießen.

Es ist nicht immer die Kindheit

Menschen, die zufrieden sind, übernehmen Verantwortung für sich selbst. Für alles, für ihr Erleben für Ihr Denken und für ihr Handeln. Sie geben nicht anderen Leuten die Schuld, wenn mal etwas bei ihnen schief läuft. Denn sie wissen, wenn andere Leute die

Verantwortung tragen, können sie sich ja nicht ändern. Es liegt nicht in ihrer Hand.

Wenn zufriedenen Menschen etwas misslingt, oder sie sich schlecht fühlen schieben Sie es nicht auf ihre Kindheit. Sie wissen, dass man ab einem bestimmten Alter erwachsen ist. Erwachsen sein bedeutet auch Verantwortung zu übernehmen, nicht nur für sich, sondern auch eventuell für einen Partner und seine Kinder. Man kann Fehlverhalten oder auch negative Gefühle nicht immer auf die Kindheit schieben. Die Kindheit ist vergangen und kann nicht mehr korrigiert werden. Wir aber können uns immer wieder neu entscheiden, für ein neues Leben in Zufriedenheit.

Vergeben

Es ist ja durchaus möglich, dass ihre Kindheit wirklich nicht so gut war. Bei einer kleinen Umfrage in meinem Umfeld ist das übrigens bei den meisten Menschen der Fall gewesen. Die wenigsten gaben an, sie hätten eine liebevolle Kindheit gehabt. Glauben Sie wirklich, dass eine nicht so schöne Kindheit Sie auch in einem höheren Erwachsenenalter 40+ beeinflusst? Sicher, es ist eine schöne Entschuldigung- eine Opferhaltung bringt aber eher nix. Übernehmen Sie die Verantwortung für ihr Leben und für ihre Entscheidungen. Nur so kommen Sie weiter. Vergeben Sie ihren Eltern, bedingungslos für alles was sie getan haben. Sie hatten ihre Gründe. Wenn sie ihren Eltern vergeben haben und das wirklich bedingungslos, wird es ihnen besser gehen! Glauben Sie mir. Sie werden ein zufriedeneres Leben führen, weil sie sich aus dem Gefühlsgemenge mit ihren Eltern gelöst haben.

Loslassen, was einem nicht gut tut

Es gibt Menschen die versprühen positive Energie. Genauso gibt es aber auch Menschen die ziehen Energien ab. So ist es auch mit vielen Gewohnheiten, manche Handlungen bauen einen auf zum Beispiel regelmäßig meditieren. Viele Handlungen sind aber nicht förderlich für ein gutes Leben. Ziellos im Internet surfen zum Beispiel, oder sich stundenlang vor dem Fernseher berieseln lassen sind sicher nicht förderlich. Wenn sie merken, dass Menschen oder Handlungen ihnen nicht gut tun, trennen sie sich davon. Ziehen sie einen Schlussstrich. Handeln sie!

Zufriedene Menschen sind frei.

Sie müssen nicht irgendwelchen Dingen hinterher hetzen. Sie wissen, dass sie die nötigen Kompetenzen haben, um alles was ihnen in ihrem Leben begegnen könnte geregelt zu bekommen. Sie haben keine Süchte. Die Zuwendung, die Sie brauchen, können sie sich selbst geben. Sie können Ihre Impulse kontrollieren und haben keine Probleme mit ihrem Selbstwertgefühl. So können Sie jeden Tag genießen. Ist das nicht schön, nicht irgendwelchen Dingen hinterher laufen zu müssen? Es ist doch eine große Erleichterung, so entspannt sein zu können.

Gelassenheit

Menschen, die mit sich zufrieden sind, sind einfach gelassener. Sie wissen auch der schlimmste Tag geht irgendwann zu Ende. Doch meist haben sie gute Tage, voller Zuversicht und Harmonie. Sie können die Dinge unterscheiden, ob sich ändern können oder nicht. Bei Dingen die sie nicht ändern können aber annehmen müssen, verändern sie ihre Haltung und damit ihre Gefühle. So sind sie auf einem Weg, der gangbar ist. Sie sind den Abstand zu den Dingen und in der Lage sich selbst zu reflektieren. Dabei wirkt ihre Gelassenheit und ihre heitere Zuversicht ansteckend auf andere Menschen. Probieren sie es aus.

Leben im Jetzt

Es gibt drei Zeithorizonte, Vergangenheit, Zukunft und Jetzt. Die meisten Leute, die ich kenne, leben in den Zeithorizonten-Vergangenheit und Zukunft. Sicher kennen auch Sie Menschen die fast nur in der Vergangenheit Leben. Meist handelt es sich dabei um Menschen, die sich schon in einem fortgeschrittenen Lebensabschnitt befinden. Dann gibt es auch diejenigen Menschen, die immer nur in der Zukunft sind. Sie schildern einem dann was sie alles tun würden, wenn sie zum Beispiel in Rente sind, oder einen Lottogewinn hätten. Wie Sie Ihren nächsten

Urlaub gestalten wollen, oder was für ein tolles Leben Sie führen würden, wenn sie nur den passenden Partner dafür hätten. Dass es ein Leben im Konjunktiv.

Zufriedene Menschen wissen das die Vergangenheit abgeschlossen und die Zukunft noch nicht da ist. Die einzige Zeit zu leben ist jetzt. Nur im Jetzt kann man die Zukunft planen. Man kann sein Leben nur im Jetzt genießen. Was vergangen ist, kommt niemals wieder, es ist eine Erinnerungsspur in unserem Gehirn. Wohingegen die Zukunft noch gar nicht existiert, nur eine gedachte Möglichkeit ist.
Darum können wir jetzt in der Gegenwart gelassen sein, denn für uns gibt es nur das jetzt. Entscheidungen in der Vergangenheit haben uns in dieses jetzt gebracht. Die Fehler, die wir

damals begangen haben, sollten wir nicht bereuen aber aus ihnen lernen. Gelassenheit kommt von Loslassen und ist das Gegenteil von Anspannung. Man kann nicht beides gleichzeitig.

Wenn es in unserem Leben im Moment nichts Bedrohendes gibt, sollten wir gelassen sein. Was die Zukunft bringt, wissen wir nicht. Was wir wissen, ist das wir die Kompetenzen haben, mit allem Möglichen, was auf uns zukommt, könnte fertig zu werden. Das müssen wir sogar, selbst mit unserem eigenen Ende werden wir klarkommen müssen. Wenn etwas feststeht, dann ist es die Gewissheit unseres eigenen Todes.

Was kann schlimmer sein als das Ende der Existenz, die Auslöschung? Gerade in Anerkennung dieser Tatsache müssen wir bemüht sein unser

Leben schön zu machen. Die Zeit die wir haben bewusst zu leben, zu gestalten und auch gut zu leben. Nicht einfach die Zeit, die man hat, ableben.

Zufriedene Menschen werden nicht, sie sind

Während der normale Mensch des 21. Jahrhunderts immer irgendwie auf der Reise ist, ist der zufriedene Mensch angekommen. Er verzichtet bewusst, sich die ganze Welt anzuschauen. Es reicht ihm, er fühlt sich zuhause am wohlsten. Er muss sich und anderen Leuten nichts mehr beweisen. Er kann einfach nur sein. Und diese, seine Existenz bedingungslos genießen. Da er zufrieden ist mit seinem Leben und alles, was er braucht, hat, gibt es nichts, was er haben möchte.

Die Buddhanatur

Der zufriedene Mensch hat viel mit dem Buddha gemeinsam. Beide ruhen in sich. Beide reflektieren sich selbst. Sie wissen, dass sie und die Welt eins sind. Sie sind nicht getrennt, das Bewusstsein ist nur eine Erscheinung. Wie ein Film auf der Leinwand, wobei sie gleichzeitig der Akteur auf der Leinwand und der Betrachter sind.
Im Grunde gibt es nur diesen Moment. Ihren Geist und die Erinnerung oder Projektion in die Zukunft. Aber immer nur das „Jetzt“. Dazu empfehle ich ihnen

das Buch von Nathan Gill „Schon wach".

Weniger ist mehr

Nachdem ich oben schon über die Nachteile der ewigen Glückssuche geschrieben habe, komme ich jetzt noch mal auf das zufrieden sein zurück. Zufrieden sein besagt das sich mit dem was ich habe zurecht komme. Ich brauche nicht mehr. Dass was ich habe, ist für mich ausreichend. Ich arbeite mit den Werkzeugen, die ich habe, werde mit ihnen vertraut durch die Praxis. Beispiel: Früher habe ich mir immer quasi jedes Jahr einen neuen PC gekauft. Dazu natürlich die jeweils neuesten Programme. Das mache ich jetzt nicht mehr, jetzt kaufe ich gebrauchte PCs und arbeite mit den gewohnten, bewährten Programmen.

Man kann viele Dinge gebraucht kaufen. Kleidung, Möbel, Bücher et cetera und dadurch viel Geld und Ressourcen sparen. Wir leben doch in einer Wegwerfgesellschaft, da ist es doch schön, wenn wir etwas vor dem Wegschmeißen bewahren können. Für das Geld was sie auf diese Art sparen, brauchen wir nicht zu arbeiten und könnten diese Zeit wieder in Freizeit anlegen. Weniger arbeiten bedeutet mehr Lebensqualität.

Weglassen

In unserem Leben haben sich so viele Dinge und Gewohnheiten angesammelt, dass wir ständig überprüfen müssen, ob sie noch nötig sind.

Viele Gewohnheiten, die einst ihren Sinn hatten sind jetzt kontraproduktiv. Genauso ist es mit vielen Dingen unserer Umwelt. Unsere Bedürfnisse und Ansprüche haben sich verändert und genauso die Dinge, die wir benötigen und produktive Gewohnheiten. Von den Dingen, die nur Platz und zeit unseres Lebens nehmen, müssen wir uns trennen. Tun sie das regelmäßig und Sie werden sehen, wie befreiend das ist.

Wie schon im vorherigen Kapitel gesagt, ist weniger mehr. Genauso ist es mit unseren Gewohnheiten, überprüfen Sie deswegen in regelmäßigen Abständen ihren Tagesablauf. Wie oft rufen Sie ihre E-Mails ab? Wie viel Zeit verbringen sie mit den Medien? Ist dieser Zeitverbrauch noch angemessen? Was würde passieren, wenn sie noch einmal am Tag ihre E-Mails abrufen? Mit wie vielen Projekten beschäftigen sie sich zurzeit? Wäre es nicht angemessener und produktiver sie, würden immer nur 1-2 Projekte zurzeit bearbeiten. Muss ihr Leben so aussehen, wie es jetzt im Moment ist?

Überlegen Sie, was Sie im Leben wirklich erreichen möchten. Bilden Sie die Handlungen, die dafür nötig sind, zu Gewohnheiten aus. Handeln Sie. Am Wochenende habe ich eine schöne Karte gesehen, darauf stand: „Leben ist Zeichnen ohne Radiergummi". Und so ist es auch, fangen sie endlich an. Das Leben ist schön und bunt. Wenn nicht, sollten Sie die Brille durch die sie schauen, überprüfen. Vielleicht benötigen Sie andere Gläser.

Zeit ist auch Lebensqualität!

Geduld

Zufriedene Menschen wissen, dass sich alles ändert. Die Welt ist im Fluss. Manchmal dauert es aber etwas länger. Dann erinnern sie sich einer alten Tugend: Geduld. Sie wissen der Dinge Zeit brauchen, viele Dinge verändern sich langsam. Sie brauchen die Zeit. Man kann Menschen und Situationen nicht mit der Brechstange verändern. Dann sollte man sich zurücknehmen und abwarten. Weil der geduldige Mensch weiß das so ist, ist ein nachsichtiger und toleranter, wenn es mal nicht so läuft, wie er möchte. Das gibt ihm eine gewisse Überlegenheit gegenüber dem Ungeduldigen, der nicht abwarten kann.

Nachwort

So lieber Leser, ich hoffe diese kleine Lektüre ist für sie Anregung genug, ihr Leben dahin zu ändern, zufriedener zu sein. Ich wünsche Ihnen ein schönes Leben.

Viele Grüße

Frank Kralemann